AF554783

ÉTRENNES

AUX CENSEURS.

PAR A. MARTAINVILLE.

PARIS.

PONTHIEU, LIBRAIRE, PALAIS-ROYAL,

GALERIES DE BOIS

1822.

IMPRIMERIE DE COSSON, RUE GARANCIÈRE.

ÉTRENNES

AUX CENSEURS.

QUAND j'offre à Messeigneurs de la censure en corps et à quelques-uns d'eux en particulier ce petit hommage de mon respect, de mon estime et de mon affection, je ne veux pas seulement me conformer à l'usage qui fixe au renouvellement de l'année le paiement de ces sortes de tributs; j'ai le désir de prouver publiquement que je ne suis pas de ces ingrats qui tournent le dos à l'astre qu'on voit décliner, et qui oublient les bienfaits dont la source va se tarir.

MM. les censeurs ont tout fait pour que je ne puisse pas les oublier; ils semblent avoir pris le soin délicat de marquer chaque jour par un nouveau souvenir; ils m'ont honoré d'une distinction toute particulière qu'ils me conserveront, j'espère, jusqu'au dernier moment; je leur dois trop pour prétendre m'acquitter envers eux par une simple formule de politesse; ce n'est donc point parce que l'année recommence, mais parce que la censure ne recommencera pas que je m'empresse de manifester les sentimens qui m'animent pour les censeurs. C'est moins à l'occasion du 1er janvier qu'à cause du 5 février que je leur adresse mes complimens.

Il est difficile sans doute de louer dignement des personnages qui ont si bien mérité de l'État et des particuliers. La voix publique peut seule par ses organes solennels leur décerner le prix qui leur est dû; et comme nous avons vu naguère voter, pour ainsi dire par acclamation, une récompense nationale à un ministre qui ne s'était retiré un moment que pour reparaître bientôt, il est probable que chacun des censeurs qui vont s'en aller pour ne jamais revenir, obtiendra de la reconnaissance nationale, non pas une dotation de cinquante mille francs de rente, mais, ce qui est bien plus précieux, une couronne civique, tressée avec toutes les plumes qu'ils auront usées à raturer les journaux, et vous verrez que, se piquant d'une généreuse émulation, ils en doteront les hôpitaux.

Il est un moyen de rendre ma tâche plus aisée, et de ménager en même temps la pudique modestie de mes héros, c'est de n'arriver à leur éloge que par celui de l'institution qui les a faits ce qu'ils sont, et qu'ils ont faite ce qu'elle est.

On a dit beaucoup de belles et de bonnes choses en faveur de la censure, mais on a encore oublié les meilleures. Comment pourrait-on assez vanter une institution qui tient lieu de tant de choses, tandis que rien ne peut tenir lieu d'elle. Par exemple, qu'un ministère sans énergie et sans loyauté soit privé de la confiance publique, qu'il n'ait ni l'habileté nécessaire pour faire des lois, ni la bonne foi qui doit en régler l'exécution, qu'en un mot il soit dépourvu de tout ce qui est indispensable à un ministère.... eh bien, on n'a qu'à lui donner la censure, et aussitôt il ne lui manque plus rien. Il peut dès lors commettre sottise sur sottise, ses agens peuvent violer les lois, vexer les citoyens, se livrer à l'arbitraire le plus odieux, la censure couvre tout, la censure cache tout, et comme, d'après un axiome de morale très-commode et fort à l'usage d'un ministère tel que celui dont je parle, le mal caché n'est presque pas un mal, il en résulte que la censure remédie à tout, que c'est une panacée sociale.

Vous avez peut-être entendu parler de ce charlatan qui, exaltant la vertu merveilleuse, l'efficacité universelle de son baume, s'écriait : cassez-vous les bras, cassez-vous les jambes, avec mon baume, je m'en..... moque; ce conte n'est plus qu'un apologue dont voici l'application. Le ministère (celui qu'on suppose ici) est le charlatan, et la censure est son baume au moyen duquel il se moque..... de tout.

L'influence, la force virtuelle de la puissance censoriale s'étend plus loin. Elle agit directement sur les hommes chargés de l'exercer, et les transforme avec une miraculeuse rapidité en d'autres êtres. C'est ici que l'éloge des personnes vient se lier naturellement à l'éloge de la chose.

Supposons que le ministère qui s'est donné cet appui dont il confessait qu'il avait besoin, ait oublié que des fonctions qui reposent sur l'arbitraire appellent toujours sur elles quelque chose d'odieux, et que, pour en rendre l'exercice moins intolérable, il faut, autant que possible, les confier à des hommes justement honorés, et qui puissent faire rejaillir sur leur emploi, par la manière dont ils le remplissent, un peu de la considération qui les environne.

Supposons, ce qui n'est pas moins vraisemblable, que le ministère ait été réduit à la même excuse qu'un ancien lieutenant de police.

Supposons, si vous l'aimez mieux, qu'il se soit vu contraint de balayer les ornières de la littérature et les culs-de-sac de la bureaucratie pour compléter son collége des censeurs, il n'en est pas moins évident qu'à l'instant de leur nomination, et par le fait même de leur investiture, ils se sont trouvés doués soudainement de toutes les connaissances littéraires, politiques, administratives, militaires et commerciales, de ce coup d'œil infaillible, de cette sagacité exquise, nécessaires à l'exercice de leurs délicates fonctions; qu'ils se sont, tout à coup, sentis élevés à cette supériorité qui pouvait seule leur donner le droit et le moyen de juger rapidement et sans appel les articles des écrivains dont la veille ils étoient loin de se croire eux-mêmes les égaux.

Sans cette action immédiate et presque magique de la censure sur les censeurs, de la dignité sur les dignitaires, comment pourrait-on concevoir et expliquer la conduite et les propos d'un M. Bodus qui a fait la royale éducation des enfans de Joachim Murat, chargé spécialement de la censure des articles de politique étrangère ; il soutenait et voulait qu'on répétât que les rois de Naples et d'Espagne étaient les princes du monde les plus heureux et les plus satisfaits des événemens qui avaient changé la face du leur royaume. C'était évidemment par l'effet d'une inspiration intérieure d'une *seconde vue* qu'il interdisait aux feuilles royalistes la liberté de blâmer les principes et les actes des révolutionnaires italiens et espagnols, pendant qu'il encourageait les autres journaux à les présenter comme dignes d'être admirés et imités ; où aurait-il trouvé ailleurs que dans cette *grâce d'état* (car il faut bien que l'état de censeur ait aussi la sienne), où aurait-il trouvé l'assurance nécessaire pour répondre à ceux qui lui disaient que c'était exciter les révolutionnaires de France à se porter avec la cocarde tricolore aux Tuileries, pour forcer le Roi à l'arborer? « Allez, allez, ce ne » sont pas deux ou trois journaux qui empê» cheront qu'on ne prenne à Paris la cocarde » qu'on voudra. »

Si l'on refusait d'admettre ce don surnaturel dévolu aux censeurs, cet esprit extraordinaire descendu sur eux, comment se figurerait-on MM. Vieillard et Joseph Pain (je prends mes citations au hasard), MM. Vieillard et Joseph Pain, dont les noms, avant qu'ils fussent nommés censeurs, étaient l'effroi des comités de lecture de nos petits théâtres, comment se les figurerait-on gravement occupés à rayer, à mutiler, à déchiqueter des articles de MM. de Bonald, de la Mennais et d'autres auteurs du même ordre.

Ces écrivains, ces philosophes, ce mot est ici dans sa noble et primitive acception, ces hommes que la France et l'Europe honorent d'un tribut d'estime et de respect, n'étaient plus pour les magistrats de la rature métamorphosés en arbitres suprêmes de la raison et de l'éloquence humaine, que des écoliers ignorans et irréfléchis dont les compositions devaient passer sous la férule du maître. C'est ainsi qu'ils ont tué à coups de rature *le Défenseur*; j'en ai d'abord éprouvé quelque regret, parce que je le lisais de temps en temps avec plaisir; mais ce petit chagrin n'a pas tenu contre la religieuse confiance que j'ai dans les lumières de la censure. Je me suis dit : il fallait que *le Défenseur*, M. de Bonald et M. de la Mennais eussent commis de bien grandes imprudences, eussent dit de bien grosses sottises, se fussent enfin rendus coupables de torts bien graves, puisqu'ils n'ont pas trouvé grâce aux yeux de MM. Joseph Pain et Vieillard qui sont des hommes d'une bien autre étoffe. Malheureusement j'ai de par le monde un ami très-intime dont la confiance et l'admiration pour les censeurs ne sont pas aussi *débonnaires*. C'est l'expression dont il se sert pour caractériser mes sentimens à cet égard. Mon ami sent vivement et il exprime comme il sent; il se passionne volontiers pour tout ce qui est juste, noble et généreux, contre tout ce qui est indigne, bas et vil. Comme il a la tête saine et le cœur chaud, je l'ai entendu appeler mauvaise tête par des gens qui n'ont ni tête ni cœur. Je n'ai eu quelquefois envie de soupçonner qu'il méritait ce titre que quand il a traité devant moi avec irrévérence des gens que je révère. Mon ami soutient, et j'éprouve à le redire cette espèce d'horreur qu'on ressent quand on répète un blasphème même pour le blâmer, mon ami soutient que par cela seul qu'un ministère a besoin de la censure elle doit être presqu'entièrement composée d'hommes serviles, étrangers aux idées et aux sentimens élevés, d'hommes toujours prêts à exécuter et exagérer les intentions et les ordres de leurs maîtres, car la basse servilité fait des intolérans comme le fanatisme (1). S'il en était autrement, l'instrument ne serait plus propre à sa destination. Comme l'élévation de l'âme est presque toujours un des caractères du talent et que la proposition inverse de celle-ci est également vraie, il en résulte que les plus éminens parmi de tels censeurs devaient être tout au plus des hommes médiocres. Il n'y a point de talent sans conscience, a-t-on dit dans un excellent discours prononcé récemment à l'académie française (2). Comment voudrait-on que des gens condamnés à n'avoir plus de conscience eussent du talent; ils l'auraient perdu s'ils en avaient eu auparavant.

(1) Mon ami, qui a dans *le Drapeau Blanc* un intérêt égal au mien, m'assurait que dans les rapports que les censeurs l'avaient contraint d'avoir avec leurs supérieurs, il avait été bien plus content de la raison, de la bonne foi et de la politesse des maitres que de celle des valets.

(2) M Roger, dans son discours en réponse à celui de M. Villemain.

Quel est en effet l'homme de lettres digne de ce nom, se respectant lui-même et pouvant se procurer par son travail une existence honorable, qui, pour un salaire toujours trop modique à quelque taux qu'on le porte, eût voulu consentir à se faire l'instrument des actes arbitraires et des caprices tyranniques de la police, le ministre d'iniquités et de vexations journalières. Cependant, disait mon ami, dans le premier moment, quelques hommes recommandables ont eu la gaucherie de se laisser prendre au piége; mais reconnaissant bientôt à quel banquet et avec quels convives on les avait fait asseoir, ils se sont retirés tout honteux d'avoir passé par là. Parmi ceux qui sont restés deux ou trois sollicitent la compassion; ils n'ont vu ou ils n'ont voulu voir dans la dignité censoriale qu'une *sinecure* qui ne les obligeait à rien qu'à venir exactement un jour par mois; ils ont abandonné à leurs collègues plus actifs et plus assidus les travaux et la gloire de la censure, et l'on dit d'eux, en levant les épaules : « Qu'allaient-ils faire » dans cette galère? »

Mais les autres, c'est toujours mon ami qui parle, qu'on n'ait garde de l'oublier, les autres se sont volontairement placés au niveau de ces agens de police qui saisissent les gens au collet; leur métier était d'arrêter la pensée au passage. — Mais, mon cher, disais-je à mon injuste ami, réfléchissez donc que s'il est nécessaire qu'il y ait des gens apostés pour arrêter les hommes nuisibles à la société, il n'est pas moins utile qu'il y en ait d'autres à l'affût des écrits dangereux pour en intercepter la circulation; ne vous ai-je pas entendu cent fois exprimer ce vœu? — Oui sans doute, et je suis loin de m'en dédire; je veux que les abus de la presse soient rigoureusement réprimés, mais par les lois et non par l'arbitraire : et encore si les censeurs avaient su faire absoudre la censure, si, déclarant franchement la guerre aux ennemis de la religion et de la légitimité, ils s'étaient appuyés de l'alliance des écrivains qui défendent les principes conservateurs de la société, alliance qui leur a été loyalement offerte; alors, sans cesser de reconnaître le vice radical de l'institution, on aurait dû de l'estime et de la reconnaissance aux hommes entre les mains desquels elle eût été une arme redoutable aux prédicateurs de l'impiété et de la sédition. — Vous conviendrez, lui dis-je en l'interrompant, que c'est dans cette intention que la censure fut établie ; j'ai encore dans l'oreille cette phrase d'un ministre d'alors : *Oui, la censure sera partiale.* — Eh ! reprit-il, ne suffisait-il pas de considérer de quelle bouche sortait cette promesse pour prévoir comment elle serait remplie ; au surplus ce ministre a tenu parole.... oui, la censure a été partiale....., les hommes qui avaient obtenu le flétrissant honneur du choix ministériel ont prouvé qu'ils le méritaient ; ils se sont conduits comme se conduisent toujours les lâches ; ils ont eu peur des méchans et les ont ménagés pour sévir contre les bons, desquels on ne craint jamais rien. — Comment pouvez-vous dire que la censure ait ménagé les feuilles libérales ou jacobines, comme vous les appelez ? vous n'avez donc pas lu les relevés périodiques des suppressions faites au *Cnstitutionnel*, et qu'il a eu grand soin d'additionner pour l'édification publique ; elles ne vont guère au-dessous de mille ou douze cents lignes par mois ; c'est ma foi bien honnête. — Eh ! ce n'est point par ce qu'elle a ôté c'est par ce qu'elle a laissé qu'il faut juger la censure et l'esprit qui la dirigeait. Qu'importe qu'elle ait rayé dans une feuille rédigée avec une perfide adresse douze cents lignes dans l'espace d'un mois, s'il y en avait quinze cents de réprehensibles et de dangereuses. Cette transaction à vingt pour cent était encore tout bénéfice pour ce journal dont les rédacteurs riaient de bon cœur de la duperie des commis-raturiers.

Vous savez comment les navires serrés de trop près par des baleines se débarrassent de cette dangereuse escorte : on se hâte de lancer à la mer plusieurs tonneaux vides que les grosses bêtes s'amusent à poursuivre, à faire sauter, à briser en morceaux, et pendant ce temps-là le navire file et s'échappe. Eh bien ! les tonneaux vides étaient ces lourdes inconvenances trop grossières pour échapper à la rature, et délayées ou répétées en autant de lignes qu'on voudra, c'était le jouet jeté..... — Ah ! j'entends ; et les grosses bêtes c'étaient les censeurs ? — C'est vous qui l'avez dit. Mais on n'a pas eu seulement à se plaindre de leur niaiserie..... : pendant qu'ils permettaient que des ouvrages pernicieux, que les recueils de toutes les turpitudes lyriques enfantées par le génie sanguinaire de la révolution fussent comblés d'éloges et annoncés comme d'immortels monumens de la gloire nationale, dans les journaux dont ces infâmies flattaient l'opinion et caressaient les souvenirs, les feuilles royalistes n'avaient pas la liberté d'insérer simplement *l'annonce marchande* d'un discours prononcé à la tribune de la chambre, ou des réponses d'un magistrat, d'un député à des injures publiques.

Trois lignes d'avertissement sans aucune réflexion pour suppléer à un article rayé *en entier* par la censure, et qu'elle a laissé passer *en entier* le lendemain (sauf une ligne et demie), ont paru un grief suffisant pour motiver une dénonciation et une condamnation contre un journal qu'on a puni d'avoir vigoureusement soutenu la cause de la fidélité, de l'honneur et de l'infortune. J'ai vu le moment où les feuilles royalistes auraient dû faire censurer le cours de la bourse, où même il n'eût pu sortir de la roue de la loterie que des numéros visés auparavant par les inquisiteurs à l'encre rouge (1).

Ne croyez pas (il est inutile d'avertir que ce n'est pas moi qui ai la parole), ne croyez pas que ces mutilateurs à titre d'office qui, sur

(1) C'est la couleur que la censure avait choisie pour rendre ses arrêts plus terribles. Un mauvais plaisant a dit. Il y a encore quelque chose qui rougit chez un censeur; c'est sa plume.

un mot, sur un geste, sur un coup d'œil ministériel eussent sillonné en rouge la Charte, et au besoin l'Évangile, ne fissent jamais le mal que par une passive obéissance.... Quelques-uns d'eux y prenaient un plaisir, y mettaient une sensualité excitée par un sentiment qui ne s'arrêtait pas au journal, mais s'étendait quelquefois jusqu'aux personnes..... Mon ami (je ne sais plus si je dois l'appeler de ce nom) se mit alors à me raconter d'étranges anecdotes. Il me dit entre autres choses qu'un censeur avait pris l'habitude d'aller au sortir du *conseil* se délasser dans un des cafés les plus fréquentés de Paris, et très-voisin du Palais-Royal; que là il égayait du récit de ses exploits de la soirée le cercle qui ne manquait jamais de se former autour d'un personnage aussi important. Certain journal et certain journaliste étaient plus particulièrement les objets de ses railleries, parce qu'ils avaient été celui de ses rigueurs. Ce journaliste, informé de ces divertissemens quotidiens dont sa feuille et sa personne faisaient les frais, commença par s'assurer de l'exactitude des renseignemens qui lui étaient transmis. Il vérifia sur les épreuves du journal que pluseurs phrases citées par le censeur, et de la suppression desquelles il s'était fait un sujet de triomphe, avaient été effectivement raturées. Sûr de son fait, il se transporte au café où brillait l'indiscret narrateur, et là il lui donna publiquement une leçon si sévère que le café a perdu sa pratique, et la société qui s'y réunit un de ses habitués les plus divertissans (1). Cette aventure a rendu sans doute le censeur plus réservé, mais n'a pas amélioré la condition du pauvre journal. La conduite couarde et

(1) Je sais que la haine est inventive ; je n'aurais jamais ajouté foi à ce récit ; jamais on ne m'eût fait croire qu'il fût possible de traiter avec tant d'irrévérence un homme revêtu de la dignité censoriale, sans le fait dont j'ai eu la douleur d'être témoin. Un des rédacteurs d'une feuille royaliste entre au foyer du Vaudeville. M. T, auteur connu par mille productions agréables, lui tend la main. — Eh bien ! mon cher, je viens d'apprendre que vous avez encore maille à partir avec les censeurs (il s'agissait d'un procès intenté par les censeurs pour une bagatelle) — Ah ! mon ami, répond le rédacteur, ne me parlez pas de ces gens-là ; leur nom seul me fait mal au cœur . je ne connais rien qui excite plus le dégoût, qui provoque plus la nausée qu'un censeur (en même temps il aperçoit M^r. J. P. et M^r. N., assis tout près de lui, et il reprend d'un ton un peu plus haut) ; si ce n'est toutefois deux censeurs. J'ignore si la restriction a été entendue et saisie, mais je vis la paire de censeurs partir aussitôt pour se nicher dans une loge Ils passèrent devant moi ; je leur fis une profonde révérence pour les dédommager de cet impertinent propos.

félone des censeurs, continua mon intarissable interlocuteur, a reçu sa récompense. Les libéraux ne leur savent aucun gré de leurs ménagemens pusillanimes, et n'attendent que l'occasion de leur en donner la preuve. Les royalistes ne peuvent oublier les vexations qu'ils leur ont fait subir; mais ils seront peut-être assez généreux pour ne pas s'en venger. Ainsi les censeurs emporteront en se retirant la haine des uns et le mépris des autres. La plupart d'entre eux vont retomber dans le monde littéraire, où le stigmate indélébile de la censure ne sera pas pour eux un titre à la bienveillance et à la considération.

C'en est trop, dis-je, en quittant celui qui n'est plus mon ami, je romps avec vous, je ne puis entendre plus long-temps traiter avec tant d'injustice et de cruauté des choses et des hommes que j'ai pris l'habitude de respecter. Moi je dirais volontiers à chacun de ces messieurs.

« Vos pareils sont gens que je révère,
» Et j'ai toujours été nourri par feu mon père
» Dans la crainte de Dieu, monsieur, et des *censeurs*.

J'ignore encore quel sera le destin de la censure, mais je ne me permettrai jamais de juger légèrement une institution que des gens qui s'y connaissaient ont trouvée si belle qu'ils la préféraient à une loi, à un article de la Charte....., à.... que sais-je enfin ?

Quant aux censeurs, je pense qu'avoir porté ce titre c'est assez pour illustrer la vie d'un homme, et que n'eût-il jamais fait, et ne fît-il jamais autre chose, son nom ne peut plus être prononcé avec indifférence.

Si j'ai jamais le bonheur de rencontrer un censeur, même qui ne le serait plus, je le considérerais avec une respectueuse attention, je chercherais quelques-uns des rayons de l'auréole qui devait ceindre sa tête quand il exerçait ses sublimes fonctions.

Tels sont les sentimens dont je les prie d'agréer l'expression pour étrennes. Mon respect m'empêche de citer le proverbe : « Les petits présens entretiennent l'amitié. »

A. MARTAINVILLE.

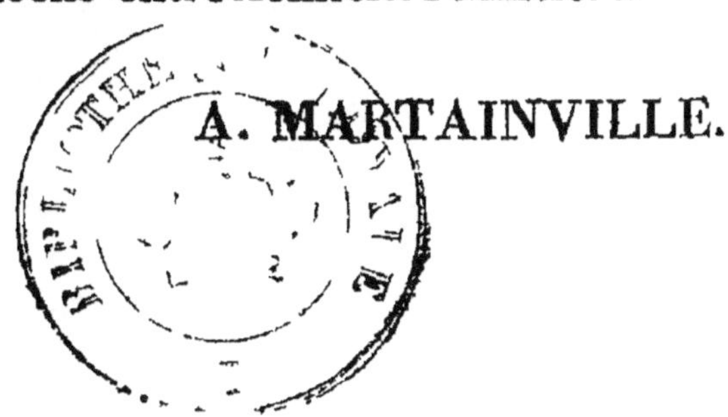

www.ingramcontent.com/pod-product-compliance
Lightning Source LLC
LaVergne TN
LVHW020501230826
846091LV00008BA/3302

* 9 7 8 2 0 1 1 7 5 3 6 2 5 *